Impressum
Verlag: BABADADA GmbH, Nedderfeld 112 , 22529 Hamburg
Geschäftsführer / Verlagsleitung: Harald Hof
Druck: Books on Demand GmbH, In de Tarpen 42, 22848 Norderstedt

Imprint
Publisher: BABADADA GmbH, Nedderfeld 112 , 22529 Hamburg, Germany
Managing Director / Publishing direction: Harald Hof
Print: Books on Demand GmbH, In de Tarpen 42, 22848 Norderstedt, Germany

škola

школа

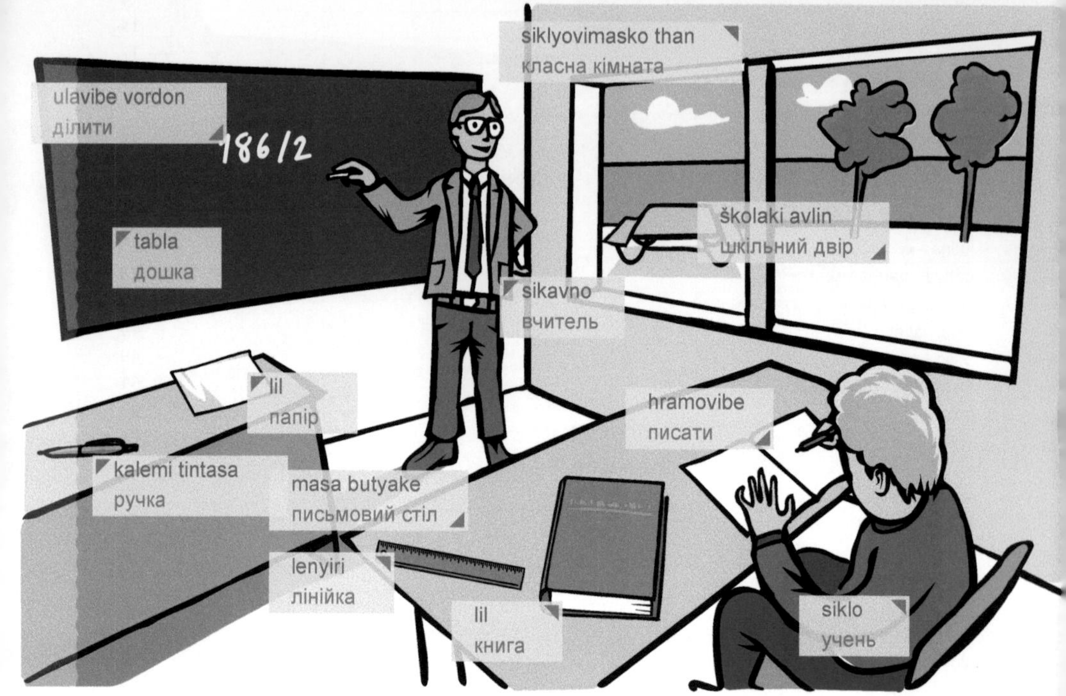

siklyovimasko than
класна кімната
ulavibe vordon
ділити
186/2
tabla
дошка
školaki avlin
шкільний двір
sikavno
вчитель
lil
папір
hramovibe
писати
kalemi tintasa
ручка
masa butyake
письмовий стіл
lenyiri
лінійка
lil
книга
siklo
учень

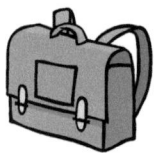

dumeski tašna

ранець

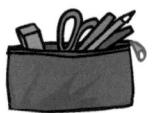

kalemengi kutia

пенал

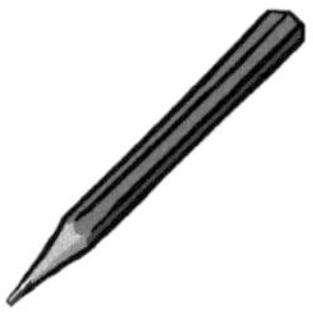

kalemi

олівець

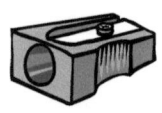

kalemengi čhurori

точило

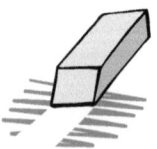

kosimaski guma

гумка

čitrimasko bloko

альбом для малювання

čitribe

малюнок

boyimaski frča

пензель

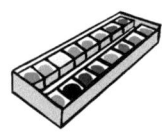

boyimaski kutia

коробка фарб

kata

ножиці

lepako

клей

bukjardarimasko lil

зошит

khereski buti

домашнє завдання

gendo

число

džide

додавати

ikal

віднімати

multiplicirin

множити

kalkulirin

рахувати

hramome lil

літера

alfabeta

абетка

hello

lafo

слово

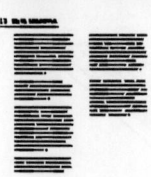

teksti

текст

drabaribe

читати

kreda

крейда

lekciya

година

Klasesko registro

класний журнал

egzameni

екзамен

sertifikato

диплом

školaki uniforma

шкільна форма

edukacia

освіта

enciklopedia

лексикон

univerziteto

університет

mikroskopo

мікроскоп

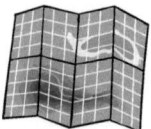

mapa

карта

korpa čhudimaske lila

кошик для паперу

dromaripe

подорож

hoteli
готель
Grand
Lači blevel!
турбаза
ROOMS
biro baši devize
обмінний пункт
EXCHANGE
koferi
валіза
vordon
автомобіль

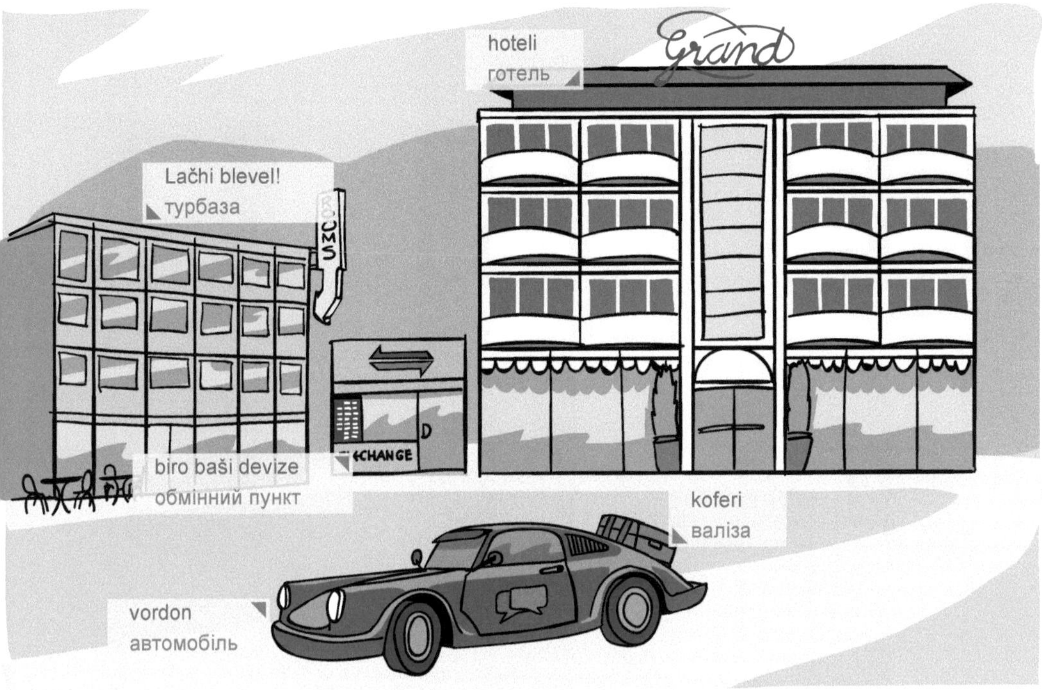

ćhib

мова

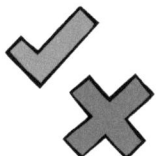

va / na

так / ні

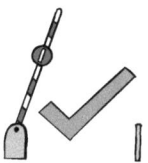

Okay

добре

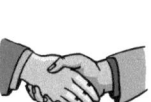

Namaste

привіт

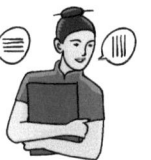

tumači

перекладач

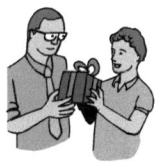

Ov sasto

дякую

Kozom si...?

Скільки коштує ...?

Na havava

Я не розумію

problemo

проблема

Lačhi rat!

Добрий вечір!

Lačhi javin!

Доброго ранку!

Lačhi rat!

На добраніч!

ačhon Devlesa

До побачення

dromeski sikavin

напрямок

bagaži

багаж

gono

сумка

dumesko gono

рюкзак

misafiri

гість

kamara

кімната

sovimasko gono

спальний мішок

cerha

намет

turistikani informacia

туристична інформація

plaža

пляж

kreditno kartica

кредитна картка

javinako habe

сніданок

kušluko

обід

ratyako habe

вечеря

karta

квиток

elevatori

ліфт

marka

поштова марка

simantra

межа

adetia

митниця

ambasada

посольство

viza

віза

pašaporti

паспорт

transporti

транспорт

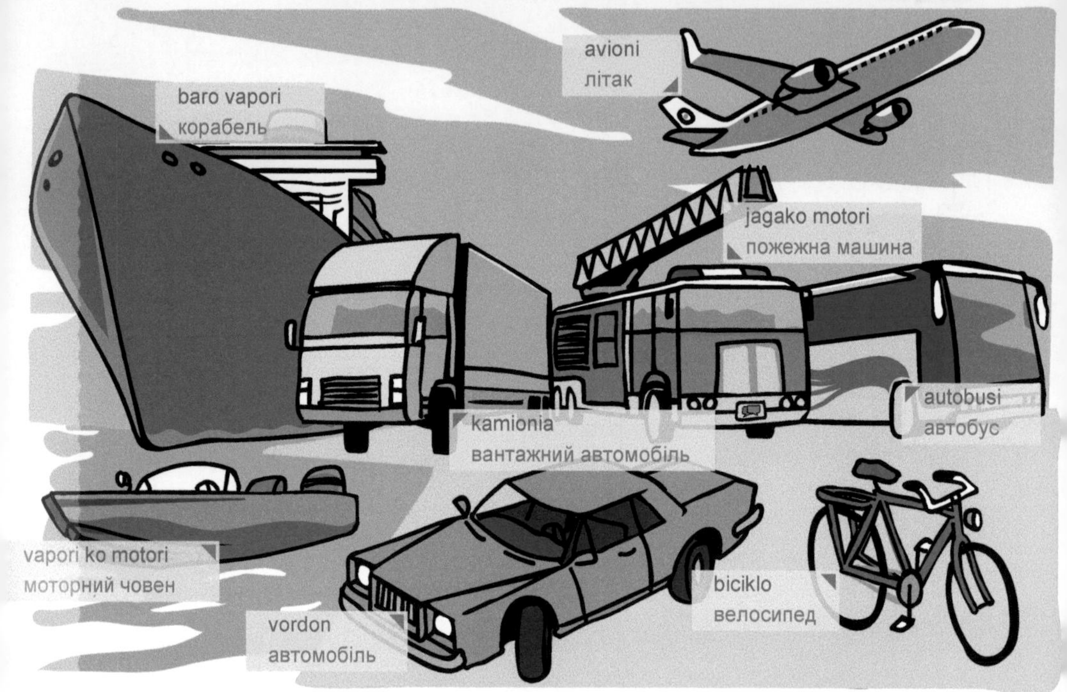

avioni
літак
baro vapori
корабель
jagako motori
пожежна машина
autobusi
автобус
kamionia
вантажний автомобіль
vapori ko motori
моторний човен
biciklo
велосипед
vordon
автомобіль

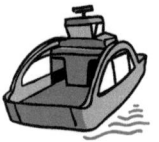

feri vapori

пором

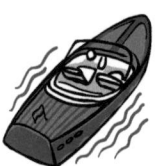

vapori

човен

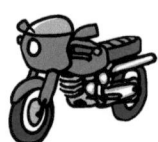

motorciklo

мотоцикл

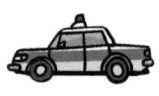

policiako vordon

поліцейська машина

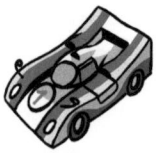

prastamasko vordon

гоночний автомобіль

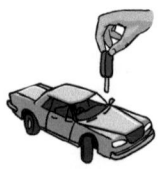

rentakar

автомобіль на прокат

ulavibe vordon

спільне користування авто

rumosardo kamioni

евакуатор

kamionengo than

сміттєвоз

motori

двигун

petroli

паливо

petrolesko stasioni

автозаправна станція

trafikoskere išaretia

дорожній знак

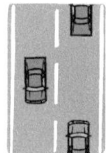

trafiko

рух

baro trafiko

затор

vordonesko parkirimasko than

стоянка

pampurengo stasioni

вокзал

kamionia

рейки

pampuri

потяг

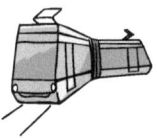

tramvaj

трамвай

vagoni

вагон

helikopteri

гелікоптер

aeroporti

аеропорт

kula

вежа

dromarutno

пасажир

kontejneri

контейнер

kartoni

коробка

vordonoro

візок

sevli

кошик

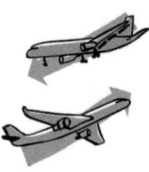

urjalipasko starto /
urjalipasko agor

стартувати / приземлятися

diz

місто

gav

село

dizyako centro

центр міста

kher

дім

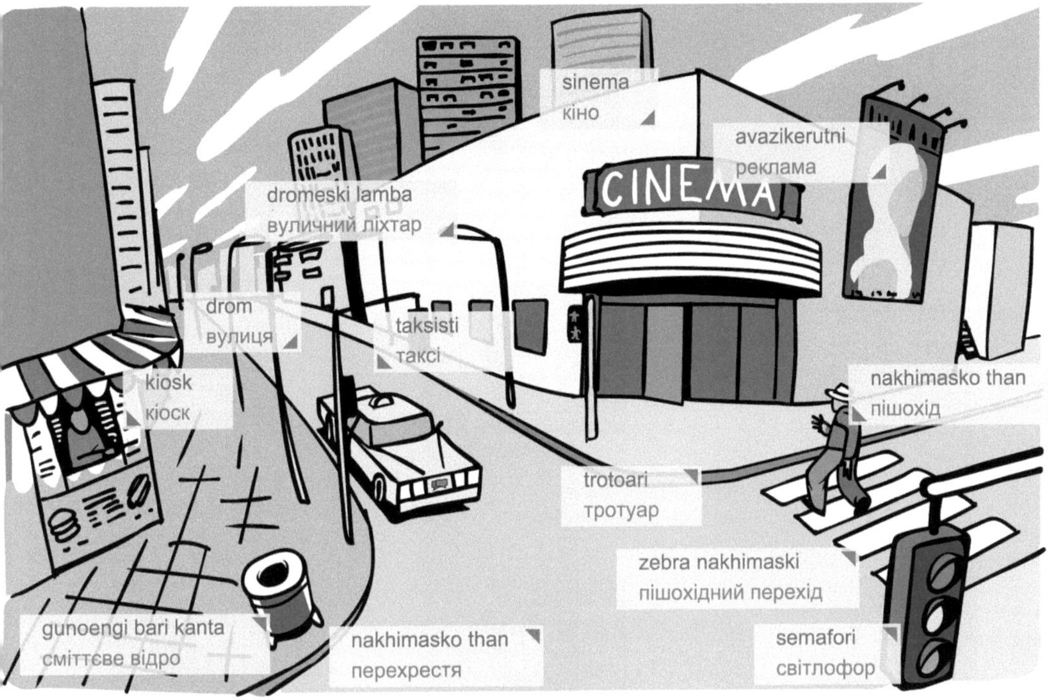

sinema
кіно

avazikerutni
реклама

dromeski lamba
вуличний ліхтар

CINEMA

drom
вулиця

taksisti
таксі

nakhimasko than
пішохід

kiosk
кіоск

trotoari
тротуар

zebra nakhimaski
пішохідний перехід

gunoengi bari kanta
сміттєве відро

nakhimasko than
перехрестя

semafori
світлофор

koliba
хатина

apartmani
квартира

pampurengo stasioni
вокзал

dizyaki sala
ратуша

muzeji
музей

škola
школа

univerziteto

університет

banka

банк

hospitalo

лікарня

hoteli

готель

apoteka

аптека

ofiso

офіс

lil bikinimasko than

книжковий магазин

dukyano

магазин

lulugengo bikinutno

квітковий магазин

supermarket

супермаркет

kurko

ринок

baro bikinimasko kher

універмаг

mačhengo astarutno

торговець рибою

kinimasko centro

торговельний центр

vaporengo ačhovimasko than

гавань

diz - місто

parko

парк

klupa

лава

purt

міст

merdevenya

сходи

metro stasioni

метро

tuneli

тунель

autobuseski adžikerin

автобусна зупинка

bar

бар

restorani

ресторан

poštako mohto

поштова скринька

dromesko išareti

вулична табличка

parking than

лічильник паркування

zoo

зоопарк

nangyovimasko bazeni

басейн

džamiya

мечеть

farma

ферма

melalipe

забруднення навколишнього середовища

limorengo than

кладовище

khangeri

церква

khelimasko than

дитячий майданчик

hramo

храм

pejzaži

ландшафт

patrin
листок

išareti
вказівний стовп

drom
шлях

livazin
луг

bar
камінь

phiravno
мандрівник

kašt
дерево

len
річка

čar
трава

luludi
квітка

harno than

долина

bairi

гора

devrijal

озеро

veš

ліс

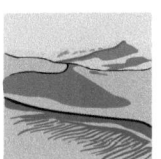

mulano than

пустеля

vulkano

вулкан

saraji

замок

renkali badalin

веселка

gaba

гриб

palma kašt

пальма

sivrija

комар

mak

муха

karandža

мурашка

birumni

бджола

pauko

павук

buba

жук

žamba

жаба

ververica

вивірка

kanzauri

їжак

šošoj

заєць

buf

сова

pakšin

птах

lebedi

лебідь

bali

кабан

eleno

олень

eleno

лось

pani garavin

гребля

bavlalaki turbina

вітряк

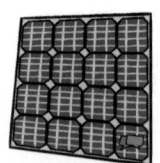

solarno paneli

сонячний модуль

klima

клімат

restorani
ресторан

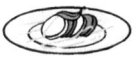

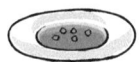

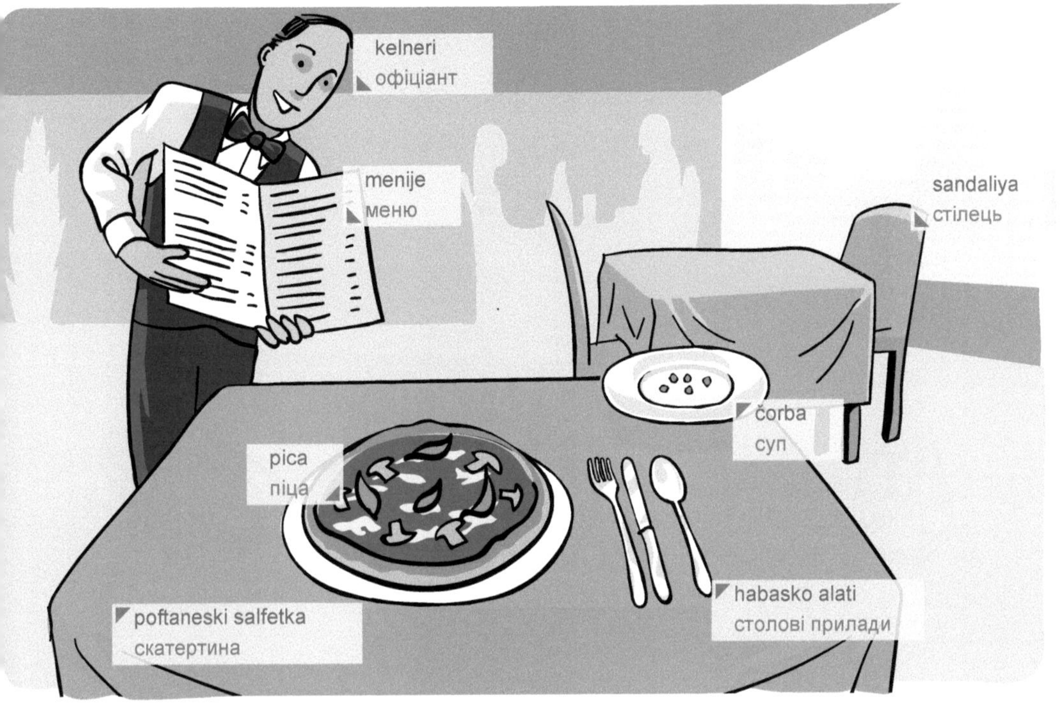

kelneri
офіціант
menije
меню
sandaliya
стілець
čorba
суп
pica
піца
habasko alati
столові прилади
poftaneski salfetka
скатертина

avgo habe

закуска

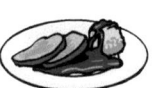

šerutno habe

друга страва

gudlimata

десерт

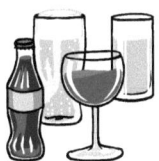

piiba

напої

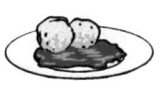

habe

їжа

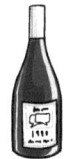

šiša

пляшка

fast food
фаст-фуд

sokakongo habe
вулична їжа

čajniko
чайник

šekereskoro čaroro
цукорниця

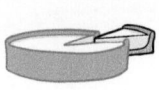

porcia
порція

makina vaš espresso
еспресо-машина

uči sandaliya
високий стільчик

esapi
рахунок

apladiya
піднос

čhuri
ніж

vilyuška
вилка

roj
ложка

čajeski roj
чайна ложка

salfetka
серветка

tahtai
склянка

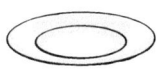

čaro

тарілка

čaro čorbake

тарілка для супу

hor čaro

блюдце

sosi

соус

londesko čaroro

солонка

kale biberesko pišlo

млин для перцю

šut

оцет

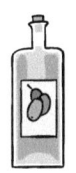

zejtini

масло

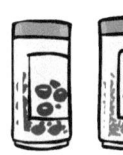

začinia

спеції

kečap

кетчуп

senf

гірчиця

majonezi

майонез

supermarket
супермаркет

specialno oferta
пропозиція
FOR
mušteriya
клієнт
thudeske butya
молочні продукти
emiši
фрукти
vordonoro
візок для покупок

BUTCHERS

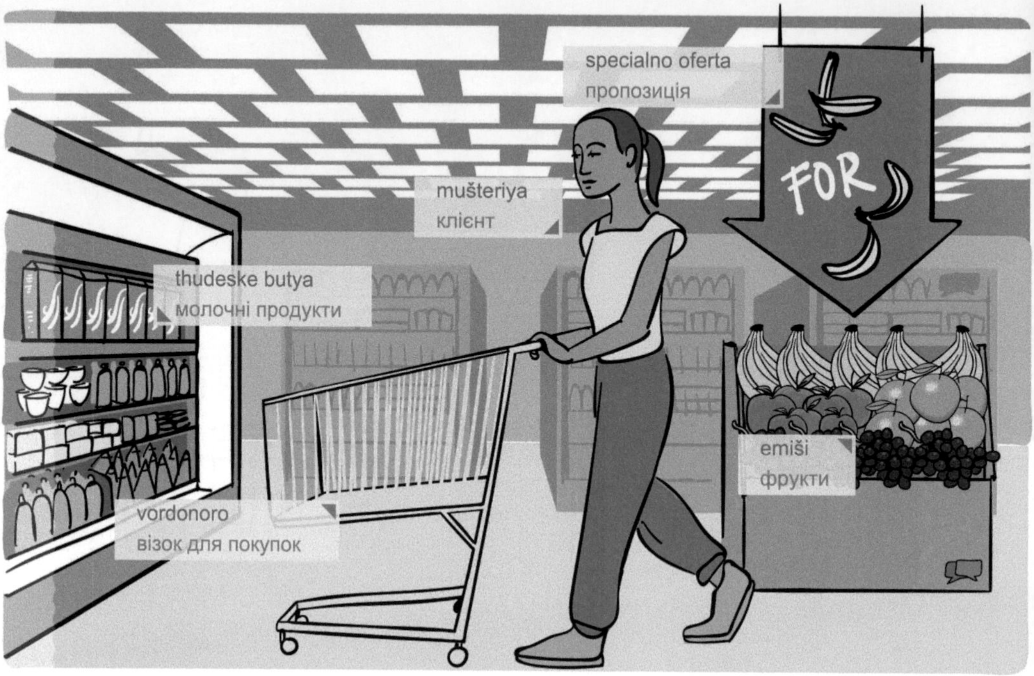

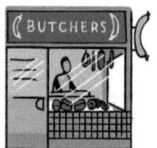

kasapi

м'ясний магазин

BAKERY

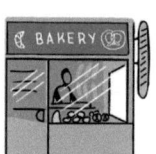

furuna

пекарня

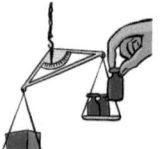

ladavipe

зважувати

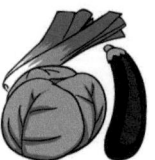

zarzavati

овочі

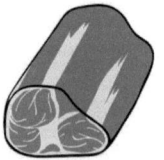

masesko rolati

м'ясо

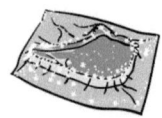

pahome habe

заморожені продукти

šudro mas

ковбасна нарізка

konzerva

консерви

thovimasko prašako

пральний порошок

gudlimata

солодощі

khereske butya

предмети домашнього побуту

užarimaske butya

мийний засіб

bikinutno

продавщиця

kasapi

каса

kasieri

касир

kinimaski patrin

список покупок

putarimaske satura

часи роботи

lovengi tašna

гаманець

kreditno kartica

кредитна картка

gono

сумка

plastikano gono

поліетиленовий пакет

pani

вода

džus

сік

thud

молоко

kola

кола

mol

вино

bira

пиво

alkohol

алкоголь

kakao

какао

čaj

чай

kafa

кава

espresso

еспресо

cappuccino

капучіно

banana

банан

phabaj

яблуко

portokali

апельсин

kavuni

кавун

limoni

лимон

karota

морква

sir

часник

bambusi

бамбук

purum

цибуля

gaba

гриб

akhora

горішки

humereske butya

локшина

špageti
спагеті

rezo
рис

salata
салат

čipsi
картопля фрі

peke kompiria
смажена картопля

pica
піца

hamburger
гамбургер

sendviči
бутерброд

kotleti
шніцель

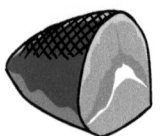

žamboni
шинка

salama
салямі

goja
ковбаса

khajnako mas
курка

peko
печеня

mačho
риба

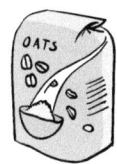

popara

вівсяні пластівці

musli

мюслі

kornfleks

кукурудзяні пластівці

varo

борошно

kroasani

круасан

masesko rolati

булочка

maro

хліб

tosti

тостовий хліб

biskotia

печиво

puteri

масло

urda

сир

torta

пиріг

jaro

яйце

peke jare

яєчня

kiral

сир

šudro gudlo

морозиво

šekeri

цукор

avgin

мед

džem

мармелад

čokoladaki krema

нуга-крем

kari

карі

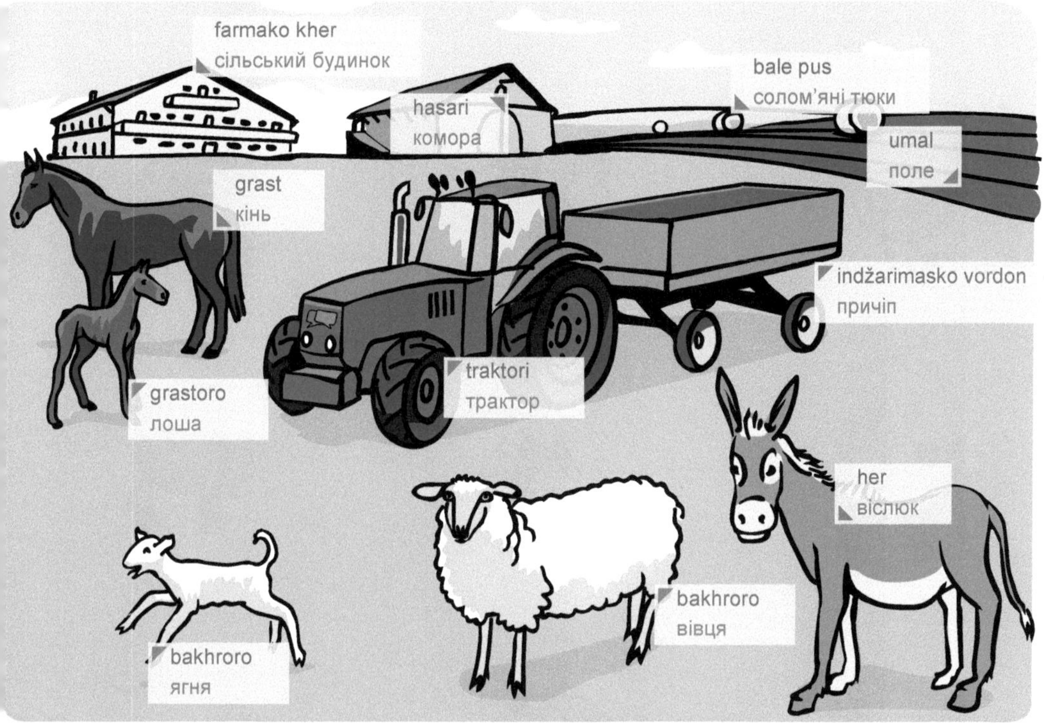

farmako kher
сільський будинок

hasari
комора

bale pus
солом'яні тюки

umal
поле

grast
кінь

indžarimasko vordon
причіп

traktori
трактор

grastoro
лоша

her
віслюк

bakhroro
вівця

bakhroro
ягня

buzno

коза

guruvni

корова

guruvoro

теля

balo

свиня

baloro

порося

guruv

бик

papin

гусак

payka

качка

pilička

курча

khayni

курка

bašno

півень

baro germuso

щур

bilika

кіт

germuso

миша

guruv

віл

džukel

собака

džukelesko kher

собача будка

žardina

садовий шланг

panyarimaski kanta

лійка

aindžako kidimasko alati

коса

plugo

плуг

srpo

серп

motika

мотика

aindžaki vilyuška

вила

tover

сокира

vordonoro phiravutno

тачка

balani

корито

thudeski šiša

бідон молока

harari

мішок

trujalutni

паркан

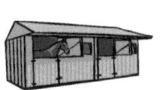

jahri

хлів

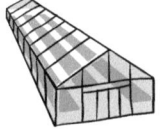

haryalo kher

теплиця

phuv

ґрунт

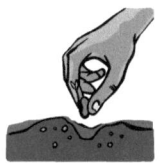

seme

насіння

gyubre

добриво

aindžako kidipe

комбайн

kidibe aindž

пожинати

harmani

урожай

phuvaki phabaj

корінь ямсу

giv

пшениця

soja

соя

kompiri

картопля

mumuruzi

кукурудза

šarlagani

ріпак

emišengo kašt

плодове дерево

Kasava

маніок

giveskere javinlukoja

злаки

odžako
димохід

učharin khereski
дах

cevka
водостічний лоток

pendžarka
вікно

garaža
гараж

udaresko zili
дзвінок

udar
двері

gunoeski korpa
відро для сміття

mohto
поштова скринька

bavča
сад

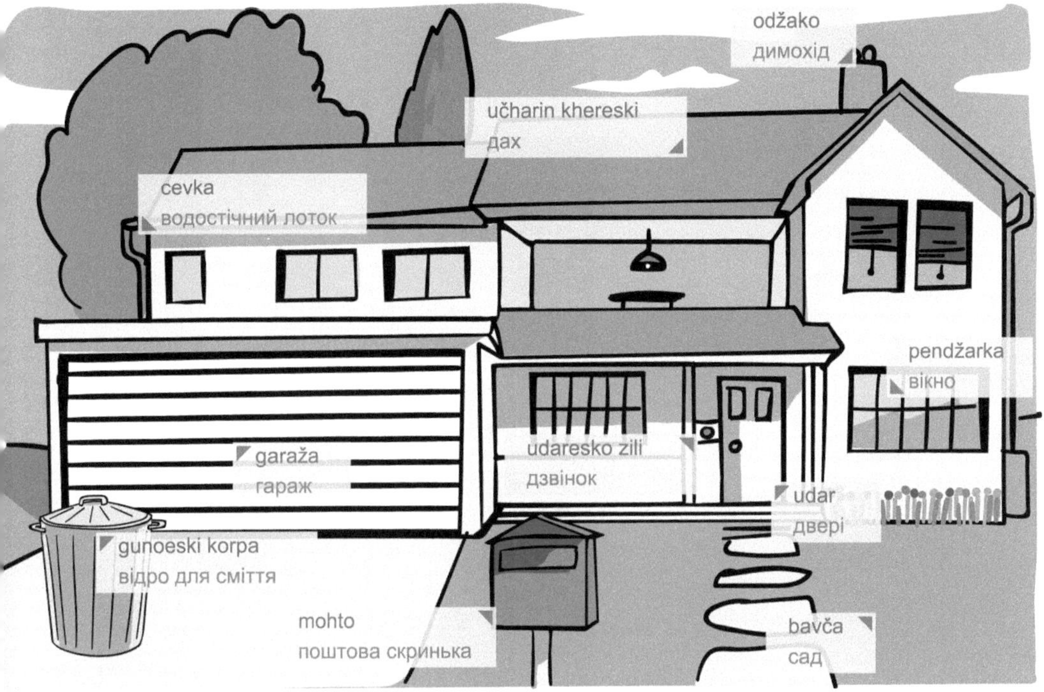

bešimaski kamara

вітальня

banya

ванна кімната

kujna

кухня

sovimasko than

спальня

čhavengi kamara

дитяча кімната

than hajbaske rakjako habe

їдальня

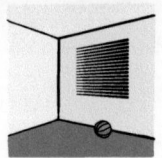

kati

підлога

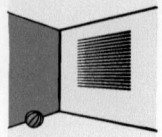

duvari

стіна

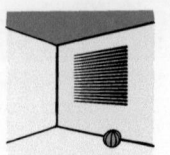

tavano

стеля

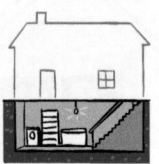

špajzi

підвал

sauna

сауна

terasa

балкон

terasa

тераса

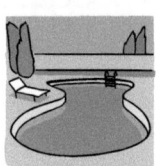

bazeni

басейн

čar harnyarimaski makina

косарка

patrin

простирало

čaršafia

ковдра

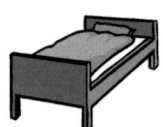

kreveto

ліжко

šulavni

мітла

korpa

відро

elektrikani phabarin

перемикач

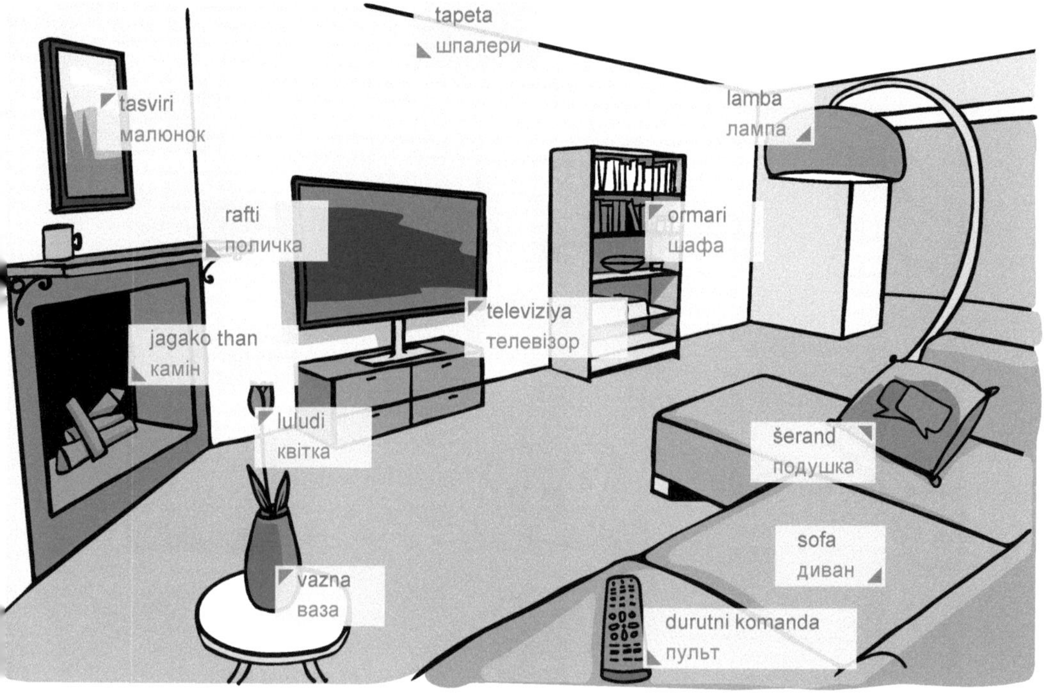

tapeta
шпалери

tasviri
малюнок

lamba
лампа

rafti
поличка

ormari
шафа

televiziya
телевізор

jagako than
камін

luludi
квітка

šerand
подушка

sofa
диван

vazna
ваза

durutni komanda
пульт

kilimi

килим

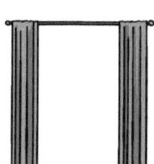

perde

завіса

masa

стіл

sandaliya

стілець

kunajka sandaliya

крісло-гойдалка

fotelya

крісло

lil

книга

kebe

ковдра

dekoraciya

прикраса

kašta phabarimaske

дрова

filmi

фільм

stereo ašunimaske butya

стереосистема

nahtari

ключ

gazeta

газета

frčaja bojakeribe

картина

posteri

плакат

radio

радіо

hramovimasko bloko

блокнот

elektrikani šulavni

пилосос

kaktusi

кактус

momoli

свічка

kujna
кухня

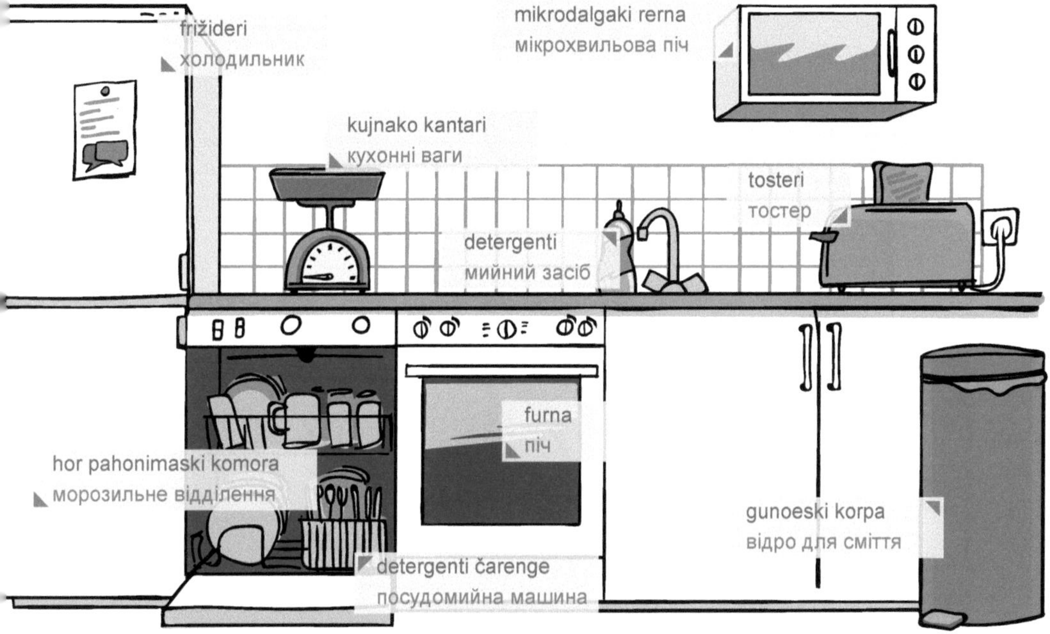
frižideri
холодильник
mikrodalgaki rerna
мікрохвильова піч
kujnako kantari
кухонні ваги
tosteri
тостер
detergenti
мийний засіб
furna
піч
hor pahonimaski komora
морозильне відділення
gunoeski korpa
відро для сміття
detergenti čarenge
посудомийна машина

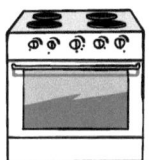

keravimasko than
....
плита

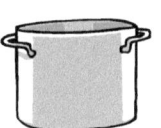

čaro
....
горщик

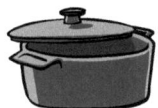

sastrnali tendžera
....
чавунний горщик

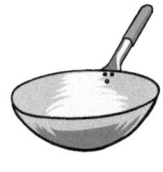

vok cihani
....
вок / кадай

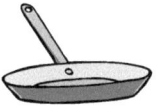

tava
....
сковорода

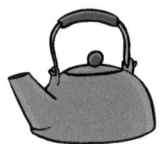

elektrikano bokali
....
чайник

tendžera ki para

пароварка

tepsija

лист

čare

посуд

bareder fildžano

кухоль

čaro

чаша

kinakere habaskere kaštore

палички для їжі

špatula

лопатка

vastesko mikseri

вінчик для збивання

fioka

черпак

cedimasko čaro

сито

porizen

сито

rende

терка

avano

ступка

skara

барбекю

puteribe jag

багаття

čhinimaski tabla

дошка

oklagia

качалка

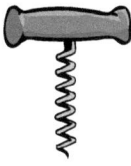

puterimasko alati

штопор

konzerva

конзерва

konzervako puterutno

відкривачка

čaresko ikerutno

прихватки

lavabo

раковина

frča

щітка

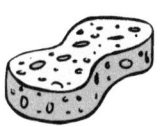

sungeri

губка

mikseri

міксер

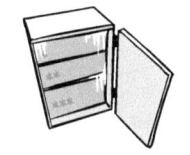

hor pahonimasko frižideri

морозильна камера

bebeski šiša

дитяча пляшка

češma

кран

banya

ванна кімната

tataripe
опалення
tuširibe
душ
peškiri
рушник
tuširimaski perda
душова завіса
nanyovibe sapuneske balonencar
платиста ванна
kada nanyovimaske
ванна
tahtai
склянка
makina thovimaske šeja
пральна машина
čеšma
кран
pločke
плитка
turako
горшок
lavabo
раковина

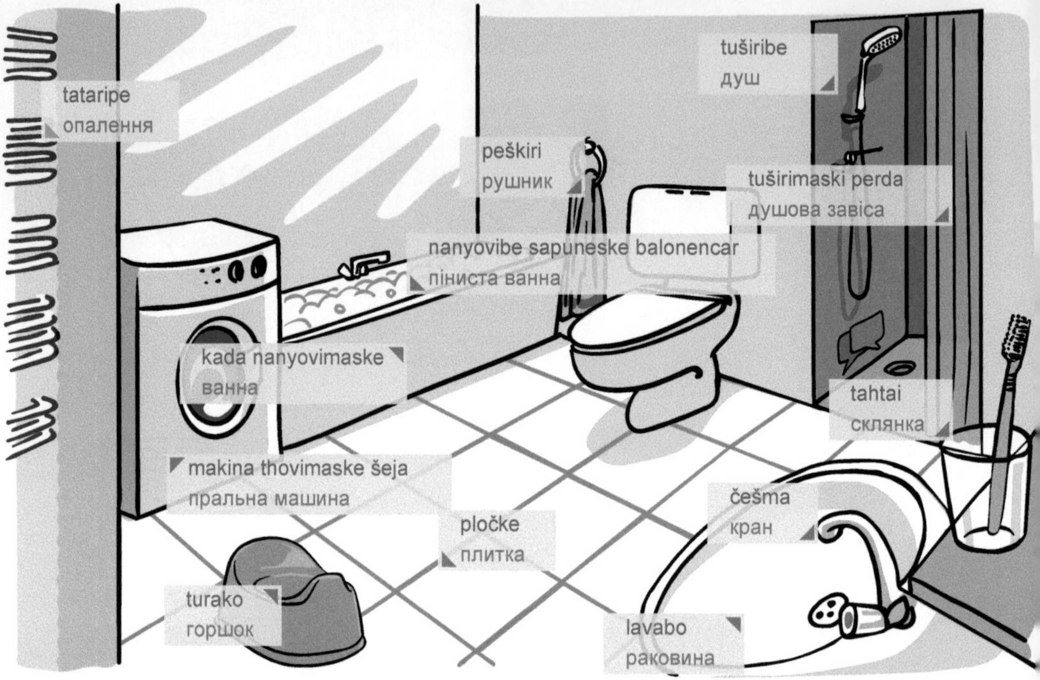

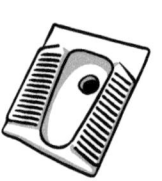

toaleti

туалет

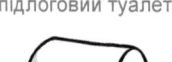

toaleti bešimasa ko pundre

підлоговий туалет

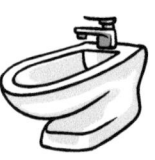

bide

біде

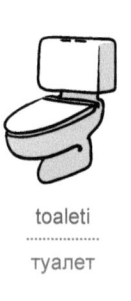

pisoari

пісуар

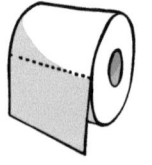

toaletesko lil

туалетний папір

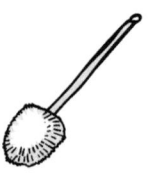

frča toaleteske

щітка для туалету

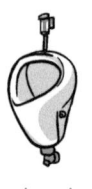

danda thovimaski frča

зубна щітка

danda thovimaski krema

зубна паста

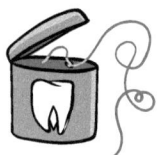

dandesko thav

нитка для чищення зубів

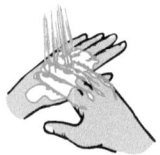

thovibe danda

мити

vasteskoro tuši

ручний душ

tuši

інтимний душ

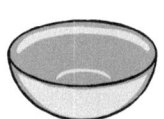

lavabo

таз

dumeski frča

щітка для спини

sapuni

мило

tuširimasko geli

гель для душу

šamponi

шампунь

flanela

мочалка

kada ćidimaske pani

водостік

krema

крем

dezodoransi

дезодорант

ajna

дзеркало

vasteski ajna

косметичне дзеркало

žileti moravimaske

бритва

moravimaski pena

піна для гоління

palal muravimaski krema

лосьйон після гоління

kanglik

гребінь

frča

щітка

feni balenge

фен

sprej balenge

лак для волосся

šminka

косметика

karmini

губна помада

oja najenge

лак для нігтів

pamuko pošom

вата

kata najenge

ножиці для нігтів

parfemi

парфум

gono thovimaske

косметичка

sandaliya

табурет

tereziya

ваги

bademantili

халат

gumena kalcunya

гумові рукавички

tamponi

тампон

toaletno lil

гігієнічні прокладки

hemikano toaleti

біотуалет

čhavengi kamara

дитяча кімната

alarmesko sato
будильник
mangli khelutni
м'яка іграшка
vordonora khelimaske
іграшковий автомобіль
tropalka
брязкальце
bebedžikongo kher
ляльковий будиночок
bakšiši
подарунок

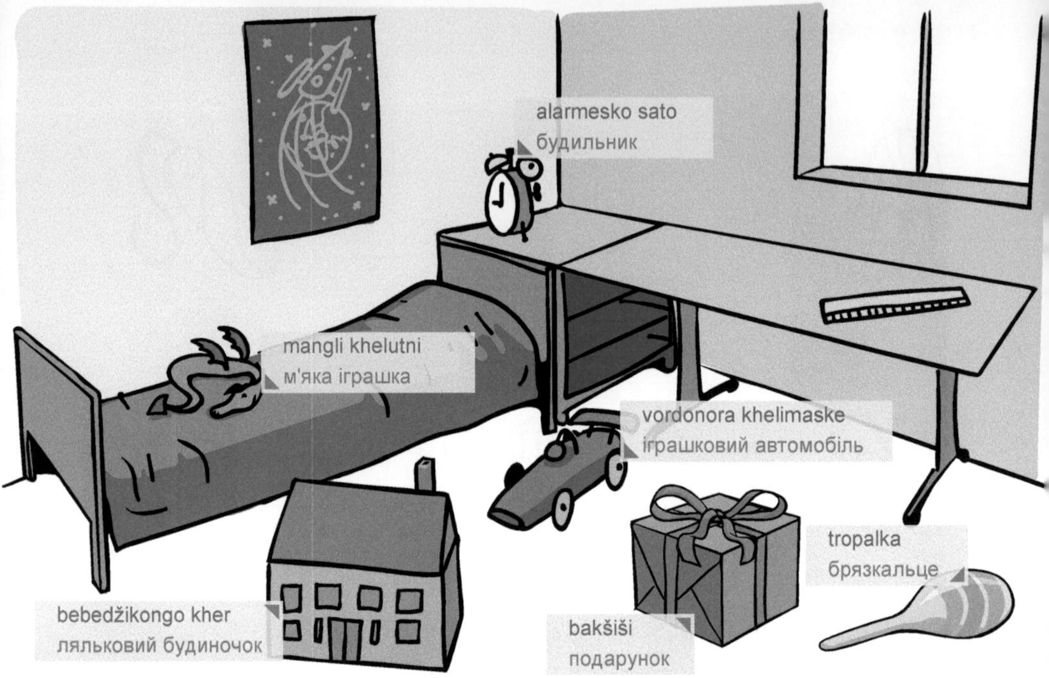

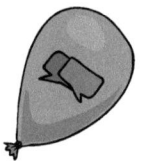

baloni

повітряна кулька

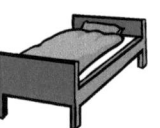

kreveto

ліжко

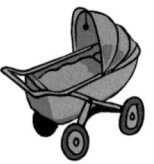

bebengo vordon

дитячий візок

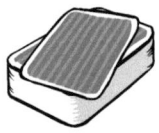

špili karte

картярська гра

ker-rumin khelin

пазл

SUPER MEGA

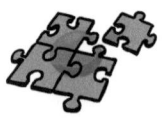

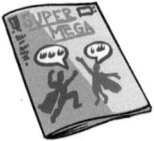

komikano lil

комікс

lego kocke

лего цеглинки

kocke khelimaske

блоки

akciaki figura

іграшкова фігурка

bodi bebeske

повзунки

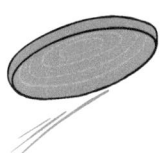

frizbi

фризбі

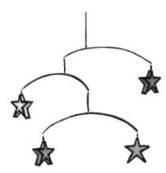

mobile

мобіле

masa khelimaske

настільна гра

zari

кубик

pampuri khelimaske

модель залізнична станція

cucla

соска

bahlana

вечірка

tasvirengo lil

книжка з картинками

topka

м'яч

bebedžiko

лялька

khelibe

грати

pošikako than

пісочниця

kuna

гойдалка

khelimaske butya

іграшка

konzola video khelimaske

гральна консоль

triciklo

триколісний велосипед

poftaneski ričini

плюшевий мішка

garderoba

шафа

šeja

одяг

kalcunya

шкарпетки

khuvde kalcunya

панчохи

hulahopke

колготки

momija
шарф

kaiši
ремінь

čadori
парасоля

maica
футболка

trenerke
кросівки

čizme
чоботи

papuče
домашнє взуття

sandale
сандалі

menije
взуття

gumena čizme
гумові чоботи

sostenya
труси

eleko
бюстгальтер

jeleko
нижня сорочка

bodi
....
боді

pantalonya
....
штани

farmerke
....
джинси

suknya
....
спідниця

bluza
....
блузка

gat
....
сорочка

puloveri
....
пуловер

dukseri
....
светр

harno kaputi
....
піджак

džeketi
....
куртка

kaputi
....
пальто

biršimdesko mantili
....
дощовик

kostimi
....
костюм

fustano
....
сукня

prandinako fustano
....
весільна сукня

kostumi

костюм

rakjako fustano

нічна сорочка

pižame

піжама

sari

capi

momija šereske

головна хустка

turbani

чалма

burka

бурка

kaftani

кафтан

abaya

абая

nangyovimaske šeja

купальник

buxle pantolonya

плавки

harne pantolonya

шорти

sporteske trenerke

тренувальний костюм

kecelya

фартух

vasteske kalcunya

рукавички

kopča

гудзик

gjuzlukya

окуляри

belegziya

браслет

mirikle

ланцюг

angrustik

кільце

čeni

сережка

stadik

шапка

kaputeski čiviya

плічка

stadik

капелюх

kravata

краватка

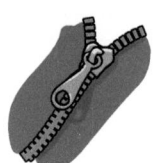

patenti

застібка-блискавка

kaciga

шолом

dandenge proteze

підтяжки

školaki uniforma

шкільна форма

uniforma

уніформа

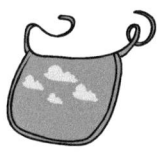

ligarka

нагрудник

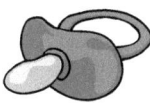

cucla

соска

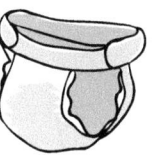

pherno

підгузок

ofiso

офіс

serveri
сервер
raftija dokumentenca
шаф для документів
printeri
принтер
lil
папір
monitori
монітор
masa butyake
письмовий стіл
mausi
миша
folderi
папка
tastatura
синтезатор
korpa čhudimaske lila
кошик для паперу
kompjuteri
комп'ютер
sandaliya
стілець

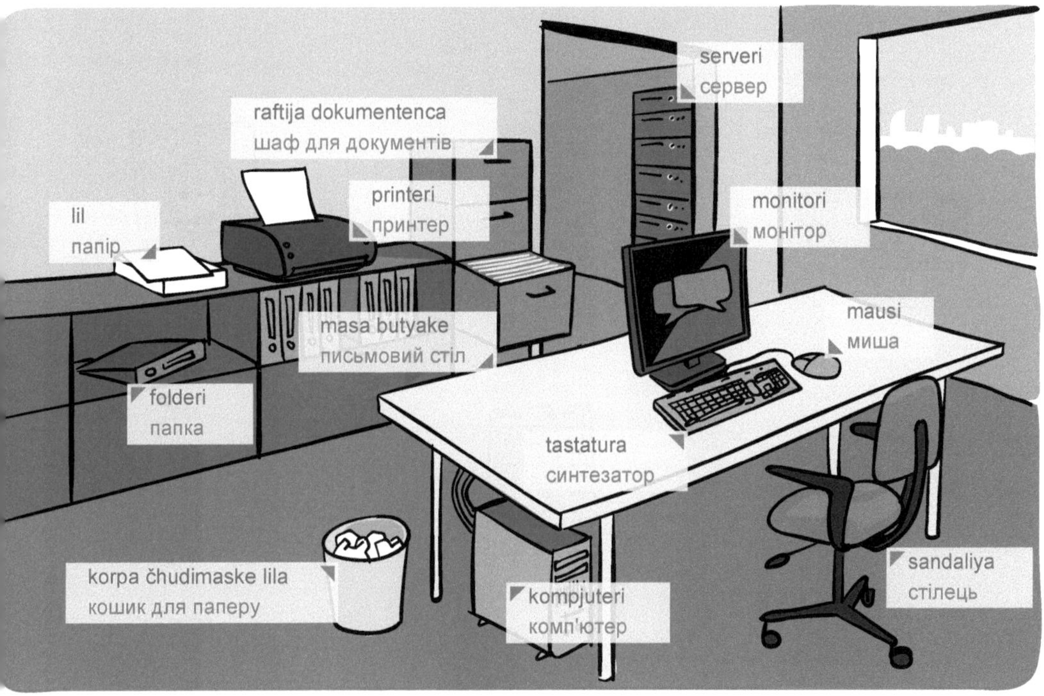

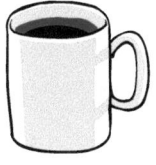

fildžano kafake

кавовий кухоль

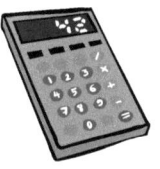

kalkulatori

калькулятор

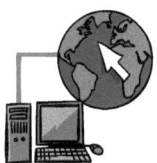

internet

інтернет

laptop

ноутбук

lil

лист

mesaži

повідомлення

mobilno telefono

мобільний телефон

netvorko

мережа

kopirimaski makina

копіювальний пристрій

softveri

програмне забезпечення

telefono

телефон

štekeri

розетка

faks makina

факс

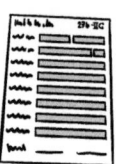

formulari

бланк

dokumento

документ

kinibe

купувати

pokinibe

платити

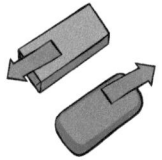

kino-bikinibe

торгувати

love

гроші

dolari

долар

euro

євро

jeni

ієна

rublya

рубль

švajcariako franko

франк

renminbi juan

юанів женьміньбі

rupija

рупія

lovengo automati

банкомат

biro baši devize

обмінний пункт

somnakaj

золото

rup

срібло

petroli

нафта

energia

енергія

fiyati

ціна

kontrakto

контракт

taksa

податок

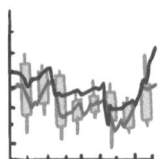

berzaki akcija

акція

butikeribe

працювати

butyarno

працівник

butyako dendutno

роботодавець

fabrika

фабрика

dukyano

магазин

profesie
професії

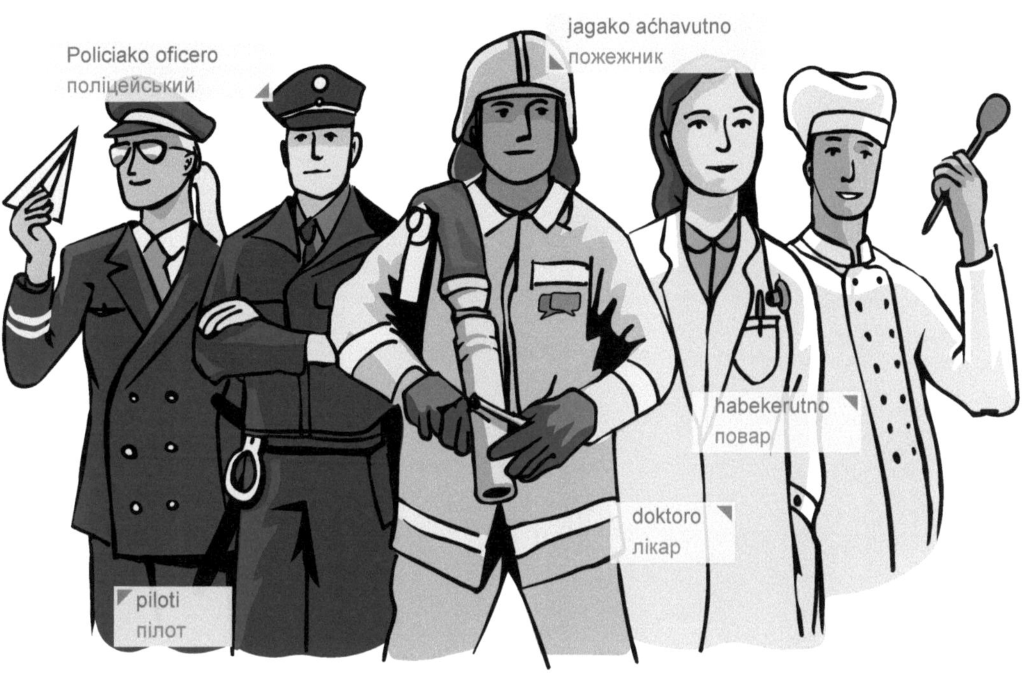
jagako aćhavutno
пожежник
Policiako oficero
поліцейський
habekerutno
повар
doktoro
лікар
piloti
пілот

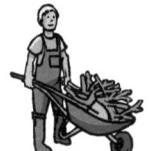

bavčako butyarno

садівник

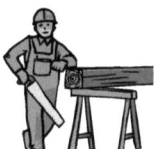

tišleri

столяр

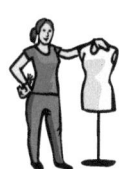

šnajderka

швачка

krisuno

суддя

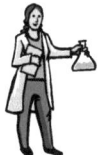

hemičari

хімік

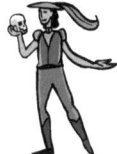

akteri

актор

autobusesko šoferi

водій автобуса

taksisti

таксист

mačhengo astarutno

рибалка

užarutni

прибиральниця

učharinengo kerutno

покрівельник

kelneri

офіціант

avdžija

мисливець

tasvirkerutno

художник

furnadžia

пекар

elektrikako phirno

електрик

tamirutno

будівельник

inžinjeri

інженер

kasapi

забійник

panjesko butyarno

бляхар

poštari

листоноша

askeri

солдат

arhitekto

архітектор

kasieri

касир

luludyari

флорист

frizeri

перукар

kondukteri

кондуктор

mekanisti

механік

kapetani

капітан

dandengo saslyarno

дантист

vigjanalo manuš

вчений

rabini

рабин

imami

імам

rašaj

монах

rašaj

пастор

alatia

інструменти

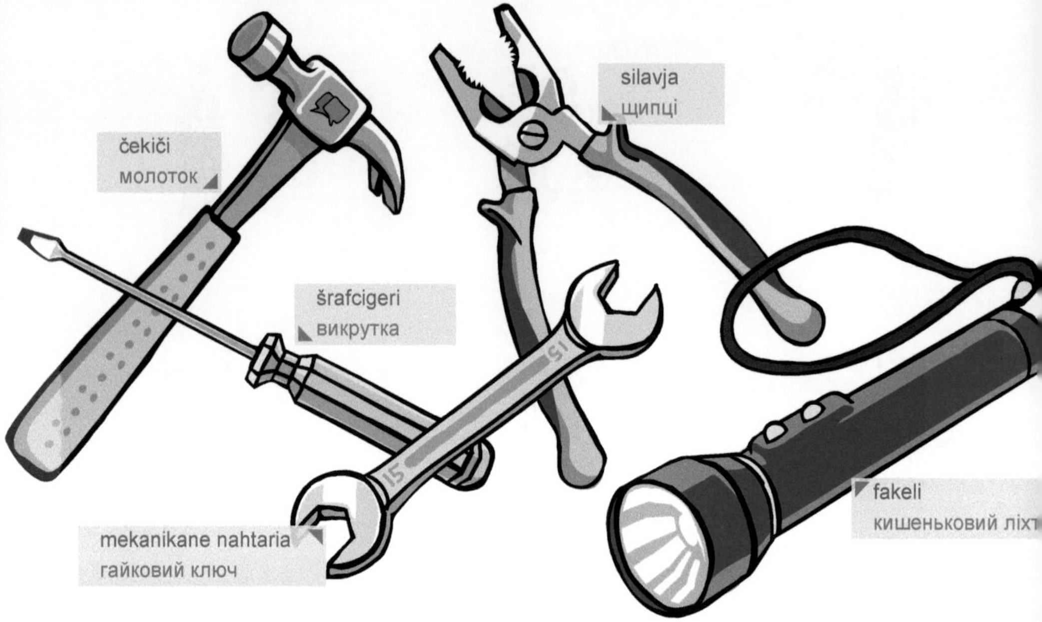
čekiči
молоток
silavja
щипці
šrafcigeri
викрутка
mekanikane nahtaria
гайковий ключ
fakeli
кишеньковий ліхт

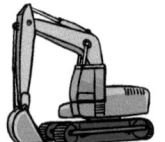

hrandimasko alati
екскаватор

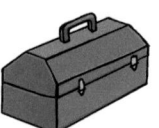

alateski kutia
ящик для інструментів

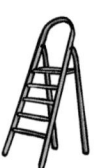

merdeveni
драбина

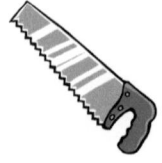

pila
пилка

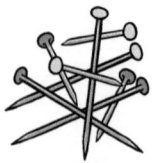

karfa
цвяхи

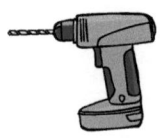

posavin
свердло

lačharkeribe
ремонтувати

lopata
лопата

Naleti!
лайно!

vatrali
совок

lonco bojimaske
відро з фарбою

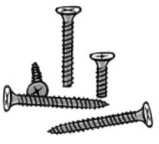

šrafja
гвинти

muzikane instrumentia
музичні інструменти

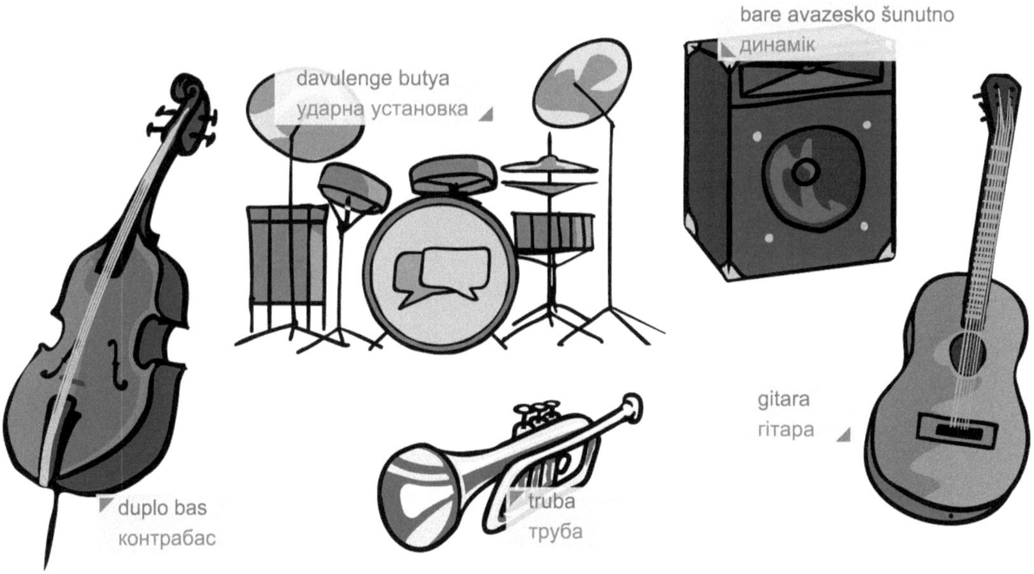

bare avazesko šunutno
динамік

davulenge butya
ударна установка

gitara
гітара

duplo bas
контрабас

truba
труба

piano

фортепіано

kemana

скрипка

bas

бас

timpani

литаври

davulia

барабан

sintisajzeri

клавіатура

saksafoni

саксофон

flejta

флейта

mikrofoni

мікрофон

zoo

зоопарк

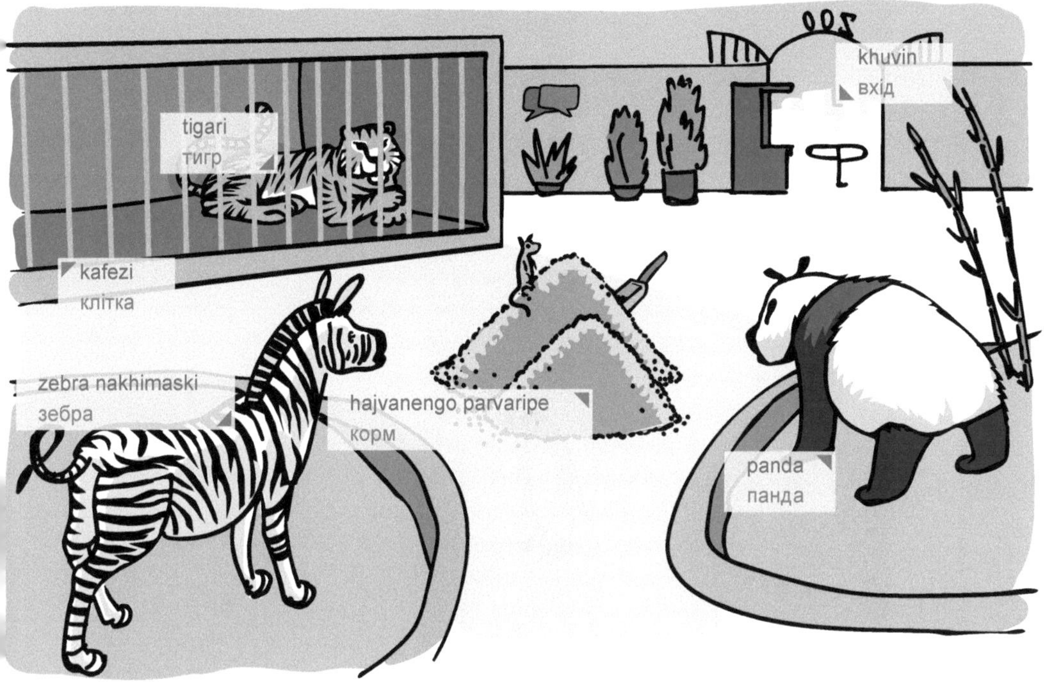
khuvin
вхід
tigari
тигр
kafezi
клітка
zebra nakhimaski
зебра
hajvanengo parvaripe
корм
panda
панда

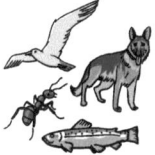

hajvania

тварини

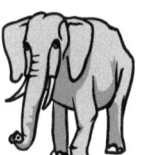

elefanti

слон

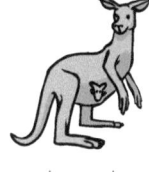

kenguri

кенгуру

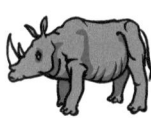

rino

носоріг

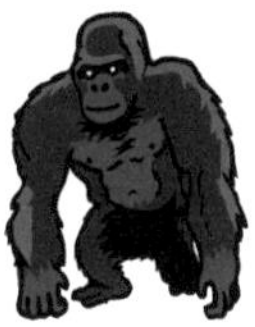

gorila

горила

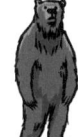

ričini

ведмідь

kamila

верблюд

ostriga

страус

aslani

лев

majmuni

мавпа

flamingo

фламінго

papagali

папуга

polarno ričini

білий ведмідь

pingvini

пінгвін

ajkula

акула

pauno

павич

sap

змія

krokodilo

крокодил

zoo arakhutno

працівник зоопарку

foka

тюлень

jaguari

ягуар

poni

поні

leopardi

леопард

hipo

гіпопотам

žirafa

жираф

zorale kandžengi paškin

орел

bali

кабан

mačho

риба

želka

черепаха

morži

морж

lumri

лисиця

gazela

газель

Amerikako fudbali
американський футбол

biciklizmo
їзда на велосипеді

tenis
теніс

basketboli
баскетбол

nangjovibe
плавання

hokej ko paho
хокей

boksi
бокс

fudbali

футбол

badmington

бадмінтон

atletika

легка атлетика

vasteskoboli

гандбол

skiibe

лижні перегони

polo

поло

aktivitetia

дії

asaibe
сміятися
hutibe
стрибати
deibe angali
обіймати
phiribe
йти
giljavibe
співати
dikhibe suno
мріяти
azirikeribe
молитися
čumibe
цілувати

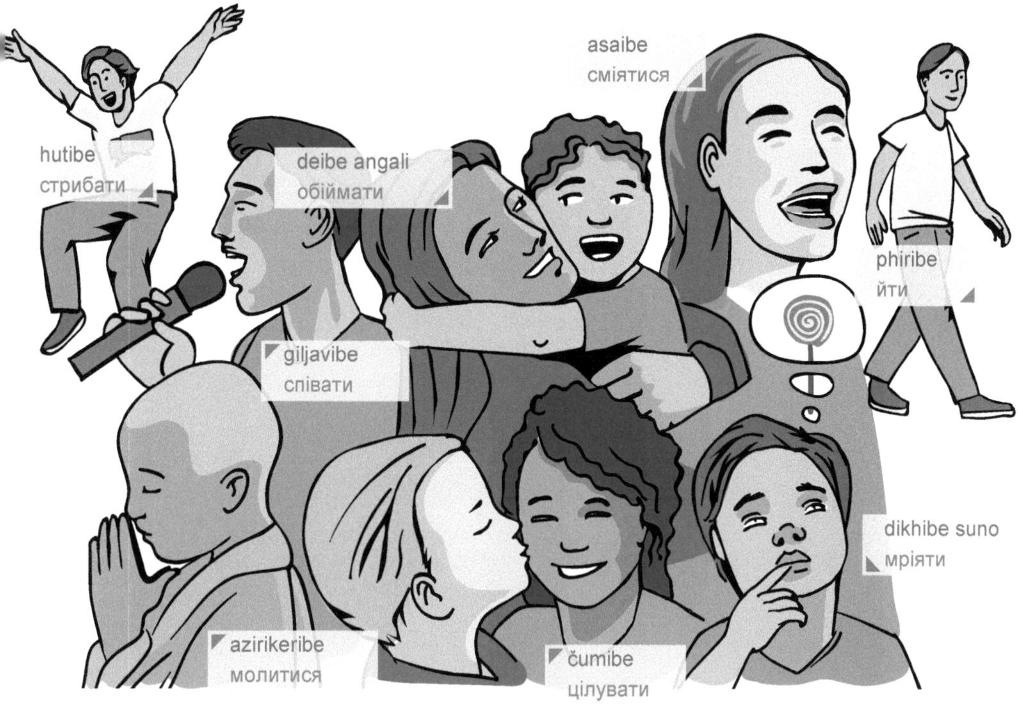

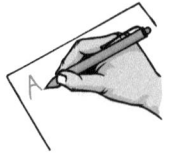

hramovibe
писати

čitribe
малювати

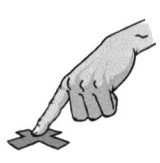

sikavibe
показувати

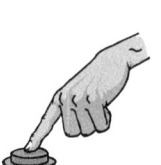

cidljaribe
тиснути

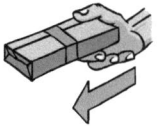

deibe
давати

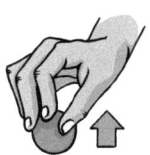

leibe
брати

isibe

мати

keribe

робити

te ovel

бути

tergyovibe

стояти

prastaibe

бігати

cidibe

тягнути

čhudibe

кидати

peribe

падати

hovavibe

лежати

adžikeribe

очікувати

phiravibe

носити

bešibe

сидіти

urjavibe

одягати

sovibe

спати

džangavibe

просипатися

dikhibe ko

дивитися

rovibe

плакати

čalavibe

гладити

uhlavibr

розчісувати

vakeribe

розмовляти

haljovibe

розуміти

puč

питати

šunibe

слухати

piibe

пити

habe

їсти

užaribe

прибирати

kamibe

любити

keribe habe

варити

paldibe vordon

їхати

urjalibe

літати

vaporea džaibe

йти під вітрилом

kalkulirin

рахувати

drabaribe

читати

sikljovibe

вчитися

butikeribe

працювати

prandibe

одружуватися

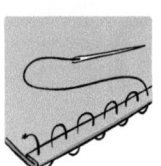

suvibe

шити

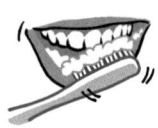

thovibe danda

чистити зуби

mudaribe

убивати

piibe dahani

курити

bičhalibe

посилати

mami
бабуся

papu
дідуся

dat
батько

daj
мати

bebe
немовля

čhaj
донька

čhavo
син

misafiri

гість

bibi

тітка

kako

дядько

phral

брат

phen

сестра

trupo
тіло

čekat
чоло
jakh
око
piko
плече
naj
палець
muj
обличчя
vilica
підборіддя
vast
кисть
čuči
груди
pundro
нога
musik
рука

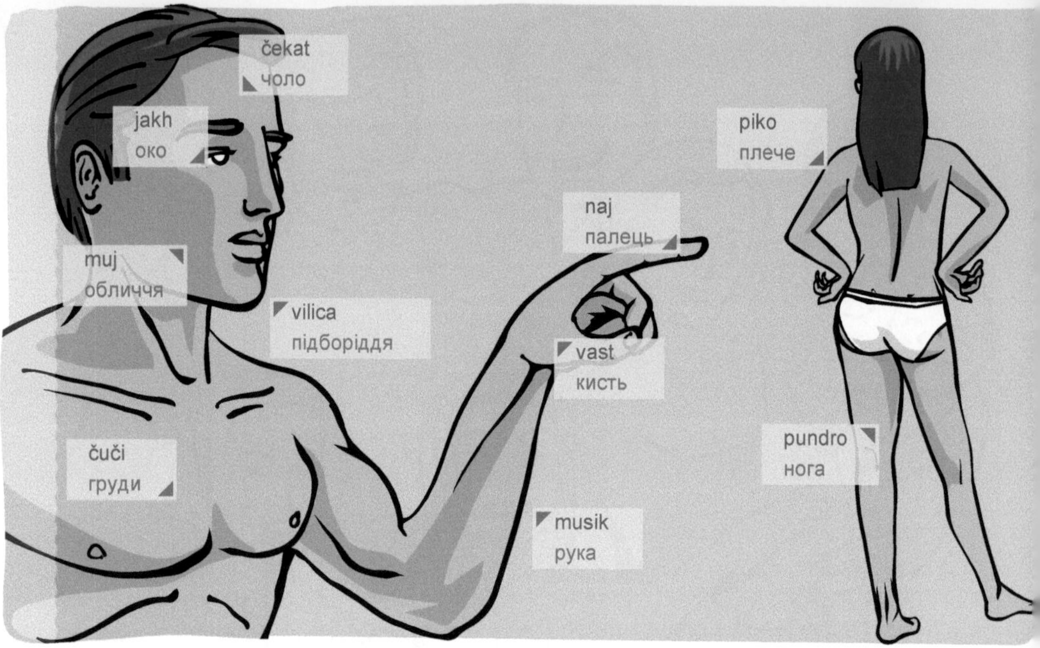

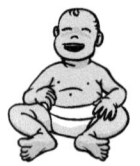

bebe

немовля

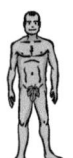

murš

чоловік

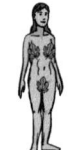

džuvli

жінка

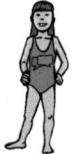

čhaj

дівчина

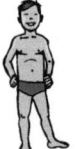

ćhavo

хлопчик

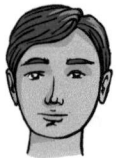

šero

голова

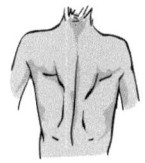

dumo

спина

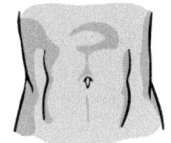

maškar

живіт

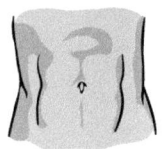

pupko

пуп

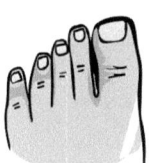

pundrenge naja

палець ноги

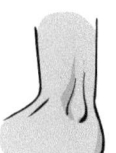

patum

п'ята

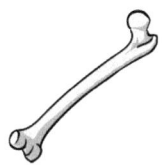

kokalo

кістка

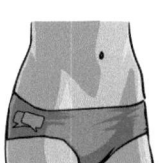

kuko

стегно

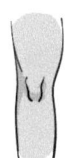

koč

коліно

lahci

лікоть

nakh

ніс

bul

сідниці

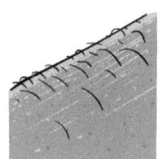

mortik

шкіра

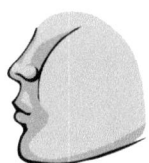

čham

щока

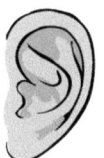

kan

вухо

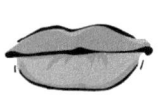

voš

губа

trupo - тіло

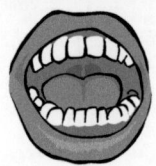

muj

рот

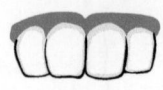

danda

зуб

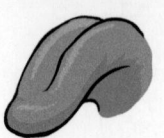

ćhib

язик

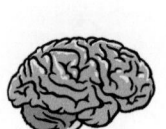

godi

мозок

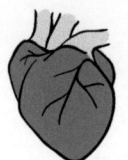

vilo

серце

muskulo

м'яз

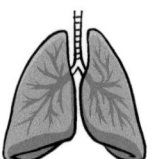

kolin

легені

buko

печінка

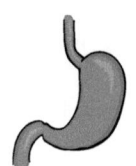

vogi

шлунок

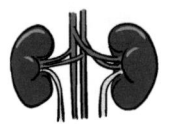

bubrekora

нирки

seks

статевий акт

kondomi

презерватив

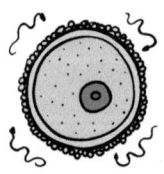

yarengi kletka

яйцеклітина

sperma

сперма

khamnipe

вагітність

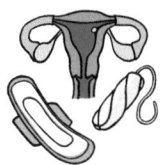

menstruaciya

менструація

vagina

вагіна

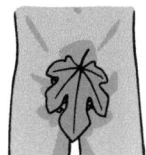

penis

пеніс

phov

брова

bala

волосся

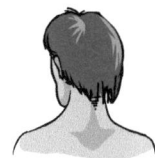

men

шия

hospitalo
лікарня

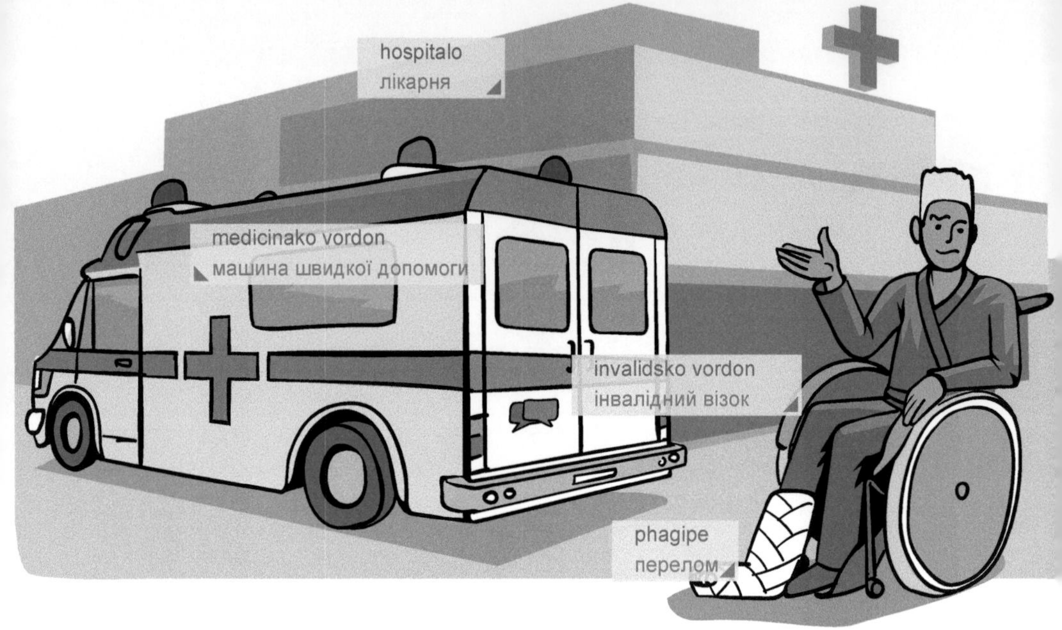

hospitalo
лікарня
medicinako vordon
машина швидкої допомоги
invalidsko vordon
інвалідний візок
phagipe
перелом

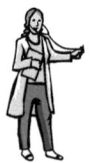

doktoro

лікар

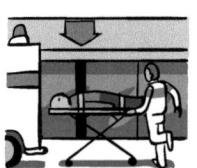

sigyarimaski kamara

відділення швидкої медичної допомоги

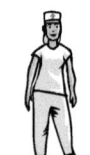

medicinaki phen

медсестра

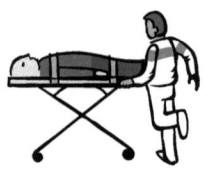

sigyaripen

аварійний випадок

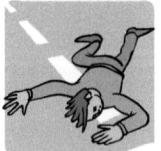

ki koma

непритомний

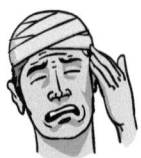

dukh

біль

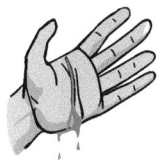

dukhavipen

травма

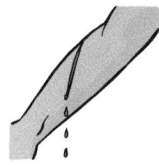

ratvaripe

кровотеча

infrakto

інфаркт

šlog

інсульт

alergiya

алергія

khuinibe

кашель

tinanipe

лихоманка

gripa

грип

diyarea

пронос

šereski dukh

головна біль

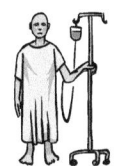

kanceri

рак

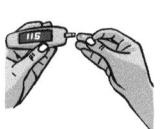

diyabetes

діабет

operaciya

хірург

skalperi

скальпель

operaciya

операція

CT

КТ

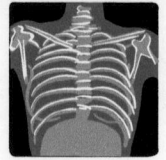

rentgen

рентген

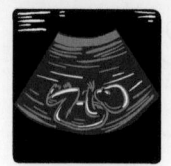

ultra avazo

ультразвук

mujeski maska

маска

nasvalipe

хвороба

adžukyarimasko than

зал очікування

paterica

милиця

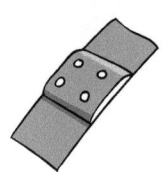

flastero

пластир

phandimaski gaza

пов'язка

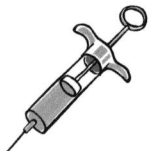

inyekciya

ін'єкція

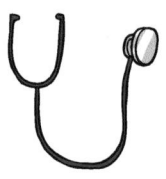

stetoskopo

стетоскоп

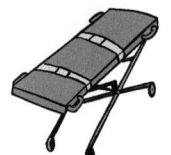

tregero

ноші

klinicko termometro

термометр

biyanipe

народження

baro thulipe

надмірна вага

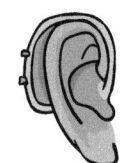

ašunimasko aparato

слуховий апарат

dezinfekciako

дезінфікуючий засіб

infekciya

інфекція

viruso

вірус

HIV / SIDA

ВІЛ / СНІД

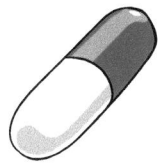

medicina

медицина

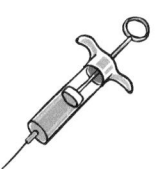

vakcinaciya

вакцинація

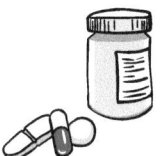

tabletura

таблетки

hapi

протизаплідна пігулка

sigyarimasko akharipe

екстрений виклик

monitori vaš učo pretisak

тонометр

nasvalo / sasto

хворий / здоровий

Mažutisar!

Допоможіть!

alarmo

сигнал тривоги

atako

напад

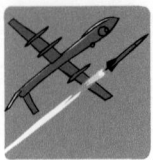

atako

атака

dar buti

небезпека

sigyarimasko iklyovipen

аварійний вихід

Bari jag!

Вогонь!

mamuj jagako aparati

вогнегасник

bibax

аварія

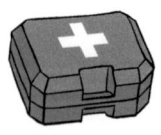

butya avgo ažutimaske

аптечка

SOS

СОС

Policia

поліція

Evropa

Європа

Utarali Amerika

Північна Америка

Purabali Amerika

Південна Америка

Afrika

Африка

Azija

Азія

Australia

Австралія

Atlantiko

Атлантика

Pacifiko

Тихий океан

Indiako Okeano

Індійський океан

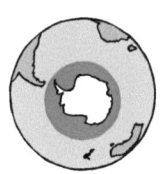

Antarktikosko Okeano

Антарктичний океан

Arktikosko Okeano

Північний Льодовитий
океан

Utaralo poli

Північний полюс

Purabalo poli

Південний полюс

Antarktiko

Антарктика

phuv

Земля

phuv

суша

samudra

море

džaziri

острів

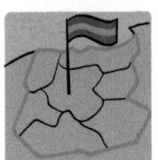

nacija

нація

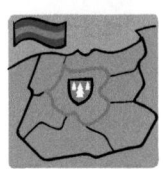

raštra

держава

saatosko gendo

циферблат

saatoski sikavni

годинникова стрілка

dakikongi sikavni

хвилинна стрілка

sekundarno saatoski sikavin

секундна стрілка

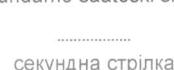

Kozom si o saato?

Котра година?

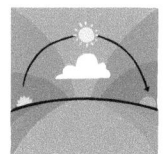

dive

день

vrama

час

akana

зараз

digitalno saato

цифровий годинник

dakika

хвилина

časo

година

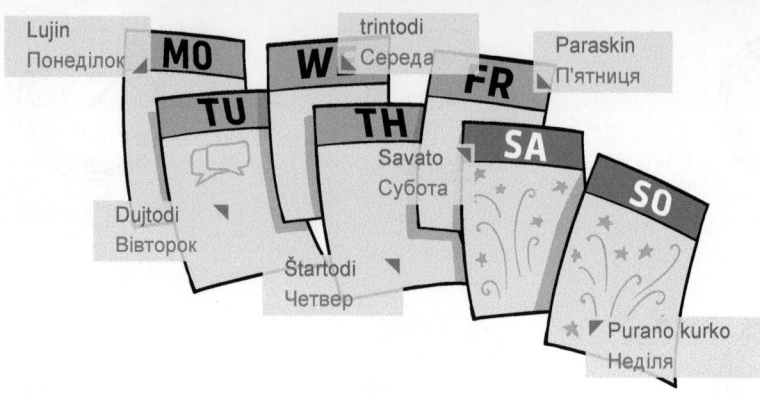

Lujin
Понеділок

MO

W

TU

TH

FR

SA

SO

trintodi
Середа

Paraskin
П'ятниця

Dujtodi
Вівторок

Savato
Субота

Štartodi
Четвер

Purano kurko
Неділя

erati

вчора

avdive

сьогодні

tajsa

завтра

javin

ранок

ekvaš dive

опівдні

blevel

вечір

butyarne divesa

робочі дні

vikend

кінець робочого тижня

berš

рік

biršim
дощ
renkali badalin
веселка
bavlal
вітер
iv
сніг
anglonilaj
весна
nilaj
літо
palonilaj
осінь
ivend
зима

4.APRIL 11°
5.APRIL 4°
6.APRIL 13°
7.APRIL 8°
8.APRIL 10°

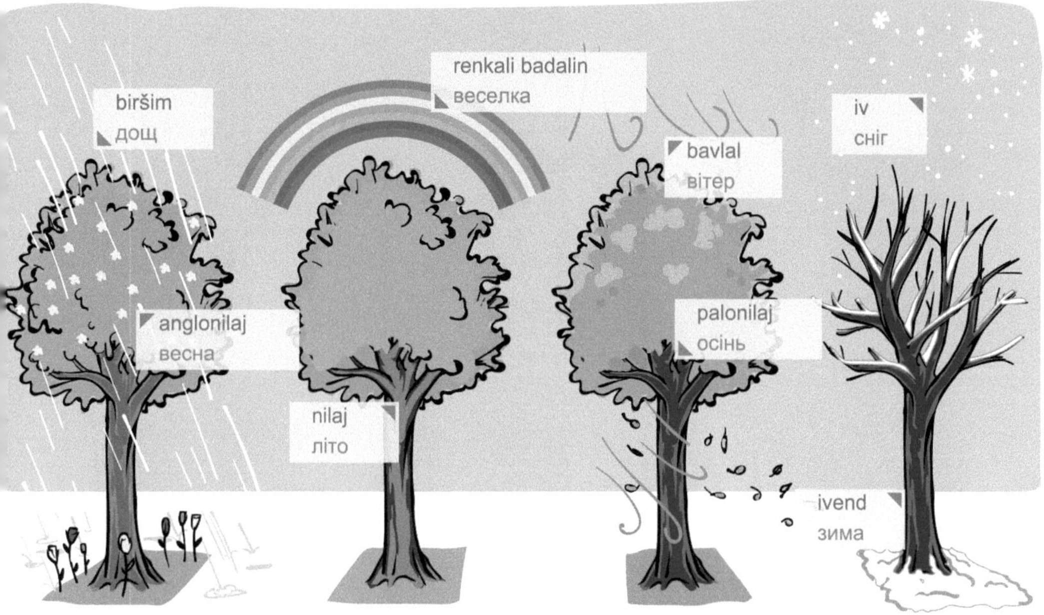

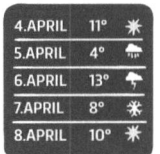

vramakoro vakeribe

прогноз погоди

F C
120 40
90 30
60 20
30 10
0 0
-30 -10
-20

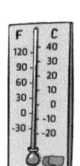

termometro

термометр

khamalo

сонячне світло

badal

хмара

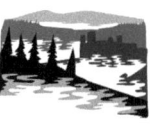

muhi

туман

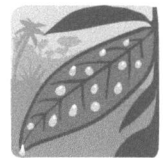

nemlime hava

вологість повітря

šemšekoja

блискавка

šemšekosko čalavibe

грім

bura

шторм

kijameti

град

monsuni

мусон

baro pani

повінь

paho

лід

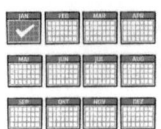

Januaro

Січень

Februaro

Лютий

Marto

Березень

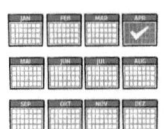

Aprilo

Квітень

Majo

Травень

Juno

Червень

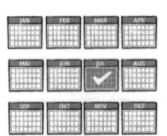

Julo

Липень

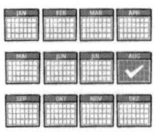

Augusto

Серпень

berš - рік

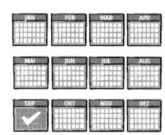

Septembro
....
Вересень

Oktombro
....
Жовтень

Novembro
....
Листопад

Dekembro
....
Грудень

forme
форми

rota
....
круг

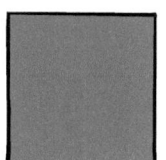

kvadrati
....
квадрат

rektanglo
....
прямокутник

trianglo
....
трикутник

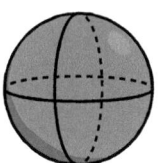

sfera
....
куля

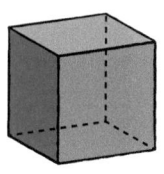

kocka
....
куб

parni

білий

galbeno

жовтий

pomarandža

помаранчевий

roze

рожевий

loli

червоний

lila

фіолетовий

vunato

синій

harjali

зелений

kafeno

коричневий

kuršumlija

сірий

kali

чорний

but / hari

багато / мало

holjame / mudro

лютий / мирний

šuži / bišuži

гарний / бридкий

starto / agor

початок / кінець

baro / tikno

великий / малий

puterde bojako / phanle bojako

світлий / темний

phral / phen

брат / сестра

užo / melalo

чистий / брудний

sahno / bisahno

завершений / незавершений

dive / rat

день / ніч

mulo / dživdo

мертвий / живий

buvlo / tank

широкий / вузький

hala pe / na hala pe

їстівний / неїстівний

džungalo / šukar

злий / дружній

bare vogjea / bi vogjea

збуджений / нудьгуючий

thulo / kišlo

товстий / тонкий

avgo / paluno

спочатку / востаннє

amal / dušmani

друг / ворог

pherdo / čučo

повний / порожній

zoralo / kovlo

жорсткий / м'який

pharo / lokho

важкий / легкий

bokh / truš

голод / спрага

nasvalo / sasto

хворий / здоровий

ilegalno / legalno

незаконний / законний

godyaver / bigodyako

розумний / дурний

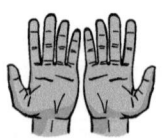

bajan / dahin

вліво / вправо

paše / dur

поруч / далеко

nevo / purano

новий / використаний

phabardo / ačhavdo

вкл / викл

barvalo / čorolo

багатий / бідний

mazuni / lošalo

сумний / щасливий

sapano / šuko

вологий / сухий

khanči / vareso

нічого / щось

puterdo / phanlo

відкрито / закрито

čačutno / došalo

правильно / неправильно

skurto / lungo

короткий / довгий

tato / šudro

гарячий / холодний

phuro / terno

старий / молодий

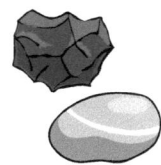

mudro / bare avazeskoro

тихо / гучно

zoralo / kovlo

шорсткий / гладкий

pohari / sigate

повільно / швидко

mareba / sansari

війна / мир

0

zero

нуль

1

jek

один

2

duj

два

3

trin

три

4

štar

чотири

5

panč

п'ять

6

šov

шість

7

efta

сім

8

ohto

вісім

9

enja

дев'ять

10

deš

десять

11

dešujek

одинадцять

12

dešuduj

дванадцять

13

dešutrin

тринадцять

14

dešuštar

чотирнадцять

15

dešupanč

п'ятнадцять

16

dešušov

шістнадцять

17

dešefta

сімнадцять

18

dešohto

вісімнадцять

19

dešenja

дев'ятнадцять

20

biš

двадцять

100

šel

сто

1.000

milja

тисяча

1.000.000

milioni

мільйон

Anglicko

англійська

Americko Anglicko

американська англійська

Kinesko Mandarinsko

китайська
високочиновницька

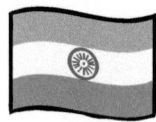

Indisko

хінді

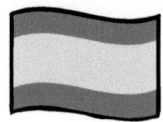

Špansko

іспанська

Francusko

французька

Arapsko

арабська

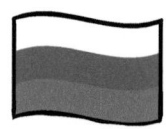

Rusko

російська

Portugalsko

португальська

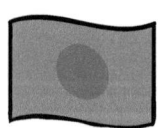

Bengalsko

бенгальська

Nemicko

німецька

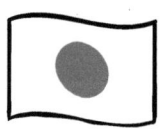

Japansko

японська

thaj

я

tu

ти

ov / oj

він / вона / воно

amen

ми

tumen

ви

ola

вони

ko?

хто?

so?

що?

sar?

як?

kote?

де?

kana?

коли?

anav

ім'я

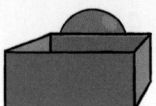

palal

ззаду

andre

в

anglal o

перед

upral

над

an

на

telal

під

trujal

біля

maškaral

між

than

місце